Los hombres que Dios llamó

Los hombres que Dios llamó

-Jonás -Lot -Moisés -Nehemías -José -Noé

— 6 DE 7 —

MARY ESCAMILLA

Número de Control de la Biblioteca del Congreso de EE. UU.:   2020917860
ISBN: Tapa Dura   978-1-5065-3428-2
              Tapa Blanda   978-1-5065-3427-5
              Libro Electrónico   978-1-5065-3426-8

Información de la imprenta disponible en la última página.

Fecha de revisión: 22/10/2020

Para realizar pedidos de este libro, contacte con:
Palibrio
1663 Liberty Drive
Suite 200
Bloomington, IN 47403
Gratis desde EE. UU. al 877.407.5847
Gratis desde México al 01.800.288.2243
Gratis desde España al 900.866.949
Desde otro país al +1.812.671.9757
Fax: 01.812.355.1576
ventas@palibrio.com
820099

ÍNDICE

Prólogo..ix

El Llamado De Jonás 1

El Llamado De Lot 27

El Llamado De Moisés..53

El Llamado De Nehemías..79

El Llamado De José....................................... 103

El Llamado De Noé 127

Epílogo 151

Jonás

Jonás 14:25

PRÓLOGO

¡Qué extraordinario!, qué privilegio tuvieron y siguen teniendo los hombres llamados por Dios, ya que en verdad es de excelencia servirle a Él y ser usados del mismo modo, con un propósito que Él tiene para la vida de cada uno de los llamados grandes hombres, grandes apóstoles, ministros, pastores, profetas, maestros evangelistas, adoradores, servidores…

Ellos son los verdaderos discípulos de Jesucristo, esos hombres llamados que le sirvieron y le sirven de una manera particular e íntegra porque son sacerdotes escogidos por Dios para predicar su Palabra y la Sana Doctrina del Real Evangelio de Jesucristo, el Hijo de Dios. Es único, una verdadera honra servirle a Él.

Es un privilegio el llamado de Nuestro Señor Jesucristo, fue algo maravilloso ser llamado por Dios para ser el Salvador del Mundo. Ahora tú eres llamado por Él, así como:

El rey David fue llamado a vencer a Goliat.
Abram fue llamado para bendecir a otros discípulos.
Jacob fue llamado a poseer la tierra y tener muchos hijos.
Daniel fue llamado a ser un profeta de Dios.
Enoc fue llamado a ser justo y caminar con Dios.

Isaac fue llamado a ser la promesa de Dios y la alegría de sus padres.

Moisés fue llamado a ser el mensajero de Dios y oír su voz.

José fue llamado a ser el soñador y gobernar a Egipto.

Josué fue llamado a llevar al pueblo de Dios, pasar por el desierto y entrar en la Tierra Prometida.

Pablo, el último de los apóstoles, fue llamado a predicar el Evangelio de Jesucristo ante multitudes para convertirlos.

Pedro fue llamado a ser amigo de Jesús y pescador de hombres.

Job fue llamado a ser varón perfecto, temeroso de Dios, y aceptó la voluntad de Él.

Mateo fue llamado a ser evangelista de Jesús.

Lucas escribió el evangelio que lleva su nombre en el nuevo testamento.

Habacuc fue llamado a ser el profeta de la fe y la esperanza de salvación.

Andrés fue llamado a seguir a Jesús.

Felipe fue llamado directamente por Dios a ser su discípulo.

Santiago fue llamado a ser hermano de Jesús y escribir el libro del Nuevo Testamento.

Juan, el más joven discípulo y muy amado por Jesús, presenció milagros realizados por Él.

Salomón fue llamado a ser rey y a pedir al Altísimo Padre Celestial, sabiduría y ciencia para gobernar a su pueblo.

Sansón fue llamado a cumplir el propósito de Dios, que fue salvar a Israel de los filisteos.

Ezequiel fue llamado a ser profeta y guía moral, que enseñó y guio espiritualmente al pueblo de Israel.

Isaías fue llamado a ser asesor de reyes y basado en la Escritura los ministró. Asimismo, fue un gran y excelente orador.

Zacarías fue llamado a escribir El Antiguo Testamento, asi como el libro del mismo nombre, Zacarías.

Jeremías fue llamado al arrepentimiento del pueblo de Judá, al cual persuadió que se volvieran a Dios.

Joel fue llamado a profetizar respecto a la plaga de langostas que vendrían al pueblo si no se arrepentían.

Jonatán fue llamado a ser valiente y amigo del rey David, y fue vencedor de Gabaa.

Jonás fue llamado por Dios a ir y llamar al arrepentimiento a una ciudad pagana y, aunque huía del Señor, nunca quiso escapar de Él. Sin embargo, al final fue obediente.

Juan "El Bautista" fue llamado a bautizar a Jesús de Nazaret.

¡Qué privilegio!, asimismo tú atiende a tu llamado y escucha la voz de Dios.

EL LLAMADO DE JONÁS

Tuvo un llamado de Dios para realizar una misión difícil; proclamar contra la ciudad de Nínive una palabra de arrepentimiento y juicio si no se humillaban ante Dios. Éste era un pueblo lleno de violencia y crueldad.

"Levántate y ve a Nínive, aquella gran ciudad, y pregona contra ella; porque ha subido su maldad delante de mí." Jonás 1:2.

Nínive era un lugar muy peligroso, la ciudad se había convertido en derramadora de sangre… Jonás no quiso al principio obedecer al llamado que recibió directo de parte de Dios, es posible que llegaran al corazón de él muchos temores y eligió no ir a cumplir el llamado de Dios para su vida.

Pero como siempre, cuando no queremos obedecer a Dios, nos enfrentamos a situaciones difíciles y eso mismo le sucedió a Jonás. Él quiso huir del llamado pero fue imposible porque nunca nadie se podrá esconder de la presencia de Dios. Porque cuando Él te llama, tú tienes que obedecer y atender a ese llamado.

Sin embargo, Jonás se fue a un rumbo contrario, a Tarsis, entró en una barca y ahí tuvo una desagradable experiencia que marcaría su vida, porque Dios tenía un propósito para su vida y él quería huir.

"Pero Jehová hizo levantar un gran viento en el mar, y hubo en el mar una tempestad tan grande que se pensó que se partiría la nave." Jonás 1:4.

Los que comandaban esa nave tuvieron mucho miedo, y cada uno de los que iban en la embarcación, empezaron a orar a sus dioses y echaron al mar todo lo que llevaban. Jonás se había ido a dormir y mientras los tripulantes echaron suertes para saber quién era el causante de aquella tempestad, y ésta cayó sobre Jonás, entonces tuvieron que echarlo al mar. ¡Ah!, pero Dios había preparado un gran pez para reprenderlo por su desobediencia.

"Pero Jehová tenía preparado un gran pez que tragase a Jonás; y estuvo Jonás en el vientre del pez tres días y tres noches." Jonás 1:17.

¡Qué terrible experiencia la que vivió Jonás!

¿Qué podemos aprender de su llamado?

Obediencia a Dios sobre todas las cosas, atender a nuestro llamado.

I-NO PODEMOS HUIR DE SU PRESENCIA.

¿Qué hizo Jonás después de oír la voz de Jehová, que lo llamaba para ir a predicar su Palabra?

"Y Jonás se levantó para huir de la presencia de Jehová a Tarsis; y descendió a Jope, y halló una nave que partía para Tarsis; y pagando su pasaje, entró en ella para irse con ellos a Tarsis, lejos de la presencia de Jehová." Jonás 1:3.

¿Te identificas tú?

¿Cuántas veces has querido huir cuando alguien te habla del amor de Dios y corres?

¿Cuántas veces has intentado huir de tus responsabilidades, en varias áreas de tu vida?

Como esposo, quizá no estás amando a tu esposa como Cristo amó a su iglesia y se entregó a sí mismo por ella.

Como esposa, tal vez has huido de la responsabilidad de sujetarte y respetar a tu cónyuge. Recuerda que la mujer que no tiene sabiduría en su corazón destruye hogares y no construye ni edifica su hogar.

Como hijo, posiblemente has visto el comportamiento de tus padres y eso ha hecho que tú quieras huir de tu casa e irte con tus amigos… Pero recuerda, no huyas de tu casa, esa no es la solución, porque esos amigos que te invitan a hacer el mal realmente son tus enemigos que te pueden llevar a la destrucción de tu propia vida, no es amigo aquel que te invita al licor o a la droga, o a tener relaciones ilícitas. ¡Huye de esas personas porque son oscuridad!... ¡Vuelve hoy a tu hogar!

Como trabajador, quizá estás huyendo de las responsabilidades que te han asignado en tu compañía y no estás obedeciendo a la dirección que te están dando, no huyas a otro trabajo, da lo mejor de ti donde Dios te ha puesto.

Como jefe, probablemente no estás desempeñando tu labor con justicia, recuerda; los ojos de Dios te están viendo, deja de tener favoritismo y actúa como Dios ordena, reconociendo que tus trabajadores merecen respeto y amor, no los veas como maquinaria pesada que tiene que desempeñar más trabajo de lo debido, porque esto no agrada a Dios y pueden venir consecuencias a tu vida.

O como pastor, es posible que hayas dejado de interceder por el rebaño que Dios te ha entregado por las cargas pesadas que llevas, sólo recuerda que no puedes huir de tu llamado, Él te ha elegido para velar por el alma de esas ovejas y no hay mayor privilegio en esta vida que ser llamado por Él para trabajar en su precioso reino.

Como líder de jóvenes, de caballeros, de damas o de niños, has dejado tu primer amor con el cual servías al principio y has permitido que los comentarios negativos de las personas te desvíen a huir del llamado de Dios. No olvides que quien te ha llamado es el Rey de reyes y Señor de señores, y Él te dará las fuerzas para que cumplas tu llamado y la dirección exacta, así como la instrucción de tu llamado cuando viene de parte de Él.

Pero Dios te dice: No sigas evadiendo tus responsabilidades, y más aún, al llamado que Dios te ha hecho, porque es un privilegio que Él te llame.

Cuando tú recibes un llamado de Dios debes ser obediente, si no te verás en situaciones adversas en tu vida.

¡No sigas intentando escapar!... ¡No puedes seguir huyendo de lo que Dios ha destinado para ti!

Aunque sientas que es difícil, aunque sientas que no lo vas a poder hacer y sientas temor, no desistas, tú obedece, sigue las instrucciones y está atento a oír la voz de Dios y di: Heme aquí, Señor.

Jonás vio la misma ira de Dios sobre su vida y sintió dentro de ese pez que todo había acabado para él.

¿Te sientes así?

Ante las grandes tempestades que se han presentado en tu vida, deja de estar durmiendo. Cuando Dios te ha llamado a su servicio, tú está atento a sus instrucciones.

¿Posiblemente sientes que estás dentro de ese gran pez?

Bueno, reconoce que tu misma desobediencia te ha enviado a lo profundo del mar donde te sientes frustrado(a), sientes y piensas que no vas a poder salir de esa situación; pero eso no es cierto, te engaña el enemigo de tu alma.

Recuerda siempre: Dios está esperando que tú te humilles, te arrepientas de todos tus pecados y que vengas a su reino de amor y misericordia. El plan de salvación para tu vida está vigente aún, Él no quiere que sigas huyendo de su voluntad, Dios no quiere que sigas sufriendo, escucha hoy su voz y ven a Él, recibe su perdón y prosigue adelante.

Así como Jonás lo hizo, él, estando dentro de ese gran pez, clamó a Dios y dijo: "Invoqué en mi angustia a Jehová, y él me oyó;

Desde el seno del Seol clamé,

Y mi voz oíste.

Me echaste a lo profundo, en medio de los mares,

Y me rodeó la corriente;

Todas tus ondas y tus olas pasaron sobre mí." Jonás 2:2, 3.

Pero ahí, dentro de ese pez, Jonás experimentó el poder misericordioso de Dios para su vida, se arrepintió e hizo un voto a Dios y Dios da la orden a ese gran pez que lo vomitara en tierra, y éste obedeció a su llamado. Extraordinario suceso, y fue porque Dios tenía un propósito y planes para su vida.

¿Quieres en este día arrepentirte de la vida que has llevado?

Será la mejor decisión para tu vida. No pospongas tu llamado a ser hijo de Dios o a obedecer a tu llamado.

II-JONÁS SE ARREPIENTE Y OBEDECE A SU LLAMADO.

Los seres humanos no somos perfectos, Jonás no quería obedecer para ir y predicar a esta ciudad pecadora. Pero después de experimentar en carne propia lo que era ser desobediente a Dios, cumplió con su llamado.

Aprendió de sus errores, ¿deseas tú hacer lo mismo hoy?

El arrepentimiento trae restauración total a tu vida y serás levantado(a) en el nombre de Jesús.

¿De qué tientes que arrepentirte?

De serle infiel a tu esposa.

De mentirle a tu esposo.

De no ser el proveedor de tus hijos.

De haber dejado hijos abandonados.

De llevar una vida desenfrenada.

Tú mejor que nadie sabes que estas cosas te han causado problemas grandes, pero Dios es un Dios lleno de misericordia y quiere en este día levantarte para que vivas una vida de obediencia y abundancia en todas las áreas.

El Dios Todopoderoso nos da segundas oportunidades, así como lo hizo con Jonás.

"Vino palabra de Jehová por segunda vez a Jonás, diciendo:

Levántate y ve a Nínive, aquella gran ciudad, y proclama en ella el mensaje que yo te diré." Jonás 3:1, 2.

E inmediatamente Jonás se levantó, como Dios se lo ordenó y entró por la ciudad a predicar, dijo que sería destruida si no se arrepentían de sus pecados. Y los hombres creyeron en el mensaje que él llevaba de parte de Dios.

Cómo fue ese mensaje tan poderoso que estos hombres sanguinarios y malos se arrepintieron, proclamaron ayuno y dicen que se vistieron de cilicio desde el más grande hasta el más pequeño, incluyendo el rey de Nínive, y éste convocó a todo el pueblo para que entraran en un ayuno que incluiría hasta los animales, así que no comerían ni beberían nada.

¡Extraordinario!... ¡Un arrepentimiento total!

Eso mismo desea Dios de esta humanidad perversa y pecadora, por eso tú eres un llamado(a) de Dios, atiende a ese llamado ahora mismo.

¡No sigas huyendo de su presencia!

Esta ciudad de Nínive fue visitada por Dios a través de un hombre que al principio no quiso obedecer, pero luego cumplió su llamado.

Dios vio que esta ciudad entera se humilló ante Él y reconocieron sus malos caminos. Y Dios se arrepintió del mal que había dicho que les haría…Y no lo hizo.

¡Qué bueno es el Todopoderoso! ¡Ese es el Dios que tienes que conocer!

Después de ver esta gran manifestación Dios siguió tratando con Jonás, pero en éste había un enojo en su corazón porque Dios no actuó con ira, sino tuvo misericordia de esta ciudad.

Esto nos indica que con el hecho que sean servidores de Dios no lo han alcanzado todo, y que no van a pecar o a equivocarse, No, el hombre siempre cargará con áreas que tienen que ser restauradas cada día, y Jonás tenía un problema en su corazón que era el enojo. La Palabra de Dios nos habla que el enojo reposa en el seno de los necios, y había un área en el corazón de Jonás que tenía que seguir siendo tratada por Dios. Ahora también, Dios quiere tratar contigo.

Por eso la mirada tiene que ser puesta en Cristo Jesús y nunca en el hombre, ni confiar en él, por más ungido que sea un predicador. Claro, Dios los usa y son instrumentos en sus manos, pero nunca debemos poner toda nuestra confianza en ellos y luego quererla poner en Dios. No, primero es el Todopoderoso el número uno en todo.

Recuerda los dones son para el servicio de Dios; pero seremos salvos por los frutos que como árboles demos, siempre y cuando seas un buen testimonio para los demás.

Así que no descuides tu vida personal e íntima con Dios diariamente, para que Dios vaya operando el cambio en ti y un día puedas ver su rostro.

También debes tener un corazón misericordioso para aquellos que andan en malos caminos; deja de expresarte mal y desearles cosas malas, tú no eres nadie para juzgar, no tienes esa autoridad.

Algunos presentan un evangelio sólo de juicio, pero tú habla también de su amor, recuerda que Dios es amor y que Él envió a su Hijo no a condenar al mundo, sino para que el mundo sea salvo por Él. Ahora, el que no acepte este regalo de Dios, ese ya ha sido condenado porque no quiso reconocer el sacrificio de Jesús en la Cruz del Calvario.

Por eso, éste es el mejor día para que le entregues tu vida a Él y aceptes tu llamado.

¿Te has identificado con este hombre llamado por Dios?

¿Has querido huir de tu llamado?

¿Estás frente a grandes tempestades?

¿O estás dentro de ese gran pez?

Éste es el día que te arrepientas, en medio de esa situación a la que no le encuentras salida.

Dios tiene la respuesta, Él puede sacarte de esa situación que está afligiendo tu vida. Él quiere darte una nueva esperanza en medio del dolor y los problemas que estás enfrentando, en las pruebas y tribulaciones que estás pasando.

No sigas huyendo de tu llamado aunque sientas temor y digas; no lo podré hacer o se me hace difícil. Deja de seguir dando excusas.

¡Y levántate en el nombre de Jesús ahora!

Que ante Dios las excusas no son válidas, acepta el llamado como un privilegio que ha venido del cielo para tu vida. Y aunque haya oposiciones dentro de tu propia familia para hacerlo, pídele en oración a Dios que ellos puedan comprender cuál es tu llamado; pero nunca trates de huir cuando tú sabes que has recibido un llamado de Dios, porque es un verdadero privilegio, un regalo, servirle a Él.

No sigas tomando caminos equivocados que a tu parecer son derechos, pero al final son caminos de muerte. Pídele perdón a Él y arrepiéntete haciendo una oración de corazón y di:

Padre Celestial, estoy lleno de adversidades en mi vida, pero este día quiero pedirte perdón desde lo más profundo de mi corazón, sé que tú me creaste con un propósito divino y he huido por muchos años, pero sé que enviaste a tu Hijo Jesucristo a morir por mis pecados, entra en este día y tómame como tu hijo(a), te lo pido en el nombre de Jesucristo que desde ahora será el salvador de mi alma. Amén, amén y amén.

Ten fe y
Esperanza
En Dios, que
Sanarás de tu Enfermedad.
Porque Él es
El médico por
Excelencia.

La Vid

La

Profecía

Falsa,

No le

Agrada

A Dios.

Mary Escamilla
Dra. 🖤

Señor, en
Este día te
Adoramos,
Te amamos
Y te damos
Gracias.

La Vid

Vive el
Verdadero
Evangelio
De Jesús,
No la
Religión.

Mary Escamilla

Dra.

La Vid

El poder de

La Palabra

Te trae vida

Y esperanza.

Mary Escamilla
Dra. ♥

La Vid

Jesucristo
Es el
Único
Camino de
Salvación.
Recíbelo hoy.

Mary Escamilla
Dra. 🖤

La maldición

De Dios está

En la casa de

Los impíos.

Mary Escamilla
Dra. 🖤

La Palabra

De Dios te da

Sabiduría y es

Medicina para todo

Tu cuerpo y tu alma.

Mary Escamilla
Dra. ♥

La Vid

El que confía

En Dios se

Acuesta y su

Sueño es grato.

Mary Escamilla
Dra. ♥

La Vid

El corazón
Que guarda los
Mandamientos de
Dios, es entendido.

Mary Escamilla
Dra. 🖤

La Vid

El que tiene

El Temor

De Dios,

Se aparta

Del mal.

Mary Escamilla
Dra. ♥

El hijo tiene

Que guardar

El Mandamiento

De su padre y

La Enseñanza

De su madre.

Mary Escamilla
Dra.

La Vid

Aprende a
Oír la voz
De los que
Te instruyen
En la Palabra.

Mary Escamilla
Dra.

La Vid

El niño juega
Y obedece,
El hombre lo
Educa, cuida,
Protege y trabaja
Para proveer
Su hogar.

Mary Escamilla
Dra. ♥

La Vid

El hombre

Que no provee

A su hogar,

Es un miserable

E ignorante.

Mary Escamilla
Dra.

Lot

Génesis 19:26

EL LLAMADO DE LOT

Fue hijo de Harán, pero su padre murió y quedó al cuidado de su abuelo, junto a su tío Abram, y se fueron a vivir a Ur de los caldeos.

Después Dios llama a su tío Abram, que salga de allí, y él se llevó a su sobrino Lot.

"Tomó, pues, Abram a Sarai su mujer, y a Lot hijo de su hermano, y todos sus bienes que habían ganado y las personas que habían adquirido en Harán, y salieron para ir a tierra de Canaán; y a tierra de Canaán llegaron." Génesis 12:5.

Empezó Lot a caminar con su tío y fueron prosperados grandemente con ovejas, vacas y tiendas, y eran tan grandes las posesiones que empezaron las riñas entre los pastores de Abram y los de él, así como las hay entre las familias hoy.

Y luego su tío le da la opción de escoger la tierra que él quisiera, y Lot eligió la llanura del Jordán, cerca de Sodoma donde abundaba el pecado.

Así muchos lo hacen cuando no tienen sabiduría, no piden la Dirección Divina y van a tierra del pecado.

Pero al final vemos que Dios tiene misericordia de él y su familia y envía unos ángeles y le dieron la orden que saliera de ese lugar porque el juicio de Dios llegaría. Lamentablemente, su esposa empezó a caminar pero en un momento vio hacia atrás y se convirtió en estatua de sal por su desobediencia.

¡Qué lamentable tragedia!

I-LOT EXPERIMENTÓ EL ENGAÑO DE SUS OJOS.

A veces, hemos tomado decisiones equivocadas sólo por lo que vemos o por lo que escuchamos, o por nuestra emoción. Lot, en esta ocasión, también falló.

"Y alzó Lot sus ojos, y vio toda la llanura del Jordán, que toda ella era de riego, como el huerto de Jehová, como la tierra de Egipto en la dirección de Zoar, antes que destruyese Jehová a Sodoma y Gomorra.

Entonces Lot escogió para sí toda la llanura del Jordán; y se fue Lot hacia el oriente y se apartaron el uno del otro." Génesis 13: 10, 11.

Vemos a Lot escogiendo para él lo mejor, según el alcance de sus ojos, o posiblemente atendiendo a su propio llamado.

Cuántas veces tú y yo hemos hecho lo mismo, hemos tomado malas decisiones que nos han llevado al dolor, a la amargura, al resentimiento, a la derrota.

Lot cometió el error de separarse de su tío por el egoísmo y la ambición.

Ahora te pregunto:

Escogiste una mala esposa.

Escogiste un mal esposo.

Escogiste malas amistades.

Escogiste un mal camino.

Hoy es el día de escoger el mejor camino, Jesucristo lo dijo:

"Yo soy el camino, la verdad y la vida."

¿No hay mejor decisión en esta vida que ésta, quieres ser rescatado del lodo cenagoso en donde te encuentras?

¡Ahora mismo ven a Él! Porque de otra manera seguirás tomando decisiones incorrectas.

Posiblemente en un momento de tu vida escogiste no asistir más a la casa de Dios, tu iglesia.

La Palabra de Dios te dice hoy:

"Porque mejor es un día en tus atrios que mil fuera de ellos.

Escogería antes estar a la puerta de la casa de mi Dios,

Que habitar en las moradas de maldad." Salmo 84:10.

Si has dejado de congregarte recuerda este versículo, ya no sigas habitando en las moradas del pecado.

¡Vuélvete a la senda antigua!... ¡Rinde tu vida a Jesucristo!

Lot decidió habitar en medio de gente pecadora y tuvo experiencias dolorosas, pagando el precio de malas decisiones. Pero en medio de su ruina, Dios siempre usa a las personas a veces cercanas a nosotros, como es la familia, por eso es importante tener buenas relaciones con ellos, amarlos, escucharlos y tener compañerismo.

Cuántas veces tú has altercado y peleado con los miembros de tu propia familia por cosas materiales, movidos por espíritus de avaricia y egoísmo, como el caso de Lot.

¡Muchas veces!, ¿verdad?

No lo hagas más, recuerda que es la familia que Dios te dio.

¿Cuál es tu comportamiento con tu propia familia?

-¿Quieres ganar siempre en las discusiones.

-Quieres siempre tener la razón.

-Quieres estar en la mejor posición.

-No te gusta que te corrijan.

-No quieres obedecer.

-Siempre ves los defectos de quienes te han ayudado.

-Peleas con los que te han apoyado siempre?

Deja de pelear y discutir con las personas que buscan tu bien, porque en los momentos más difíciles de tu vida estarán ahí para ayudarte y sacarte de la ruina donde te han llevado tus propias decisiones.

Del mismo modo, su tío con el cual Lot había altercado por los bienes terrenales, había demostrado ser un hombre que amaba más a Dios que a todas las riquezas que había obtenido.

Asimismo, quizá tú has cometido muchos errores en tu vida. Lot se separó de su tío y tuvo consecuencias duras, una de ellas fue que lo llevaron prisionero a él y a toda su gente; pero vemos a ese tío con el cual había tenido problemas, ir a rescatarlo.

"Oyó Abram que su pariente estaba prisionero, y armó a sus criados, los nacidos en su casa, trescientos dieciocho, y los siguió hasta Dan.

Y cayó sobre ellos de noche, él y sus siervos, y les atacó, y les fue siguiendo hasta Hoba al norte de Damasco.

Y recobró todos los bienes, y también a Lot su pariente y sus bienes, y a las mujeres y demás gente." Génesis 14:14-16.

De esta clase de hombres y mujeres necesita este mundo, que amen a Dios, que le teman y que sus frutos lo comprueben, que donde quiera que vayan sean Embajadores de Jesucristo.

¿Quiénes, de tu familia, te han dañado?

¿Tu esposo.

Tu esposa.

Tus hijos.

Tus cuñados.

Tu suegra.

Tu nuera.

Tu yerno.

Tus sobrinos.

Tus amigos.

Tu mejor amigo(a).

Tu compañero de trabajo?

Quizá podrás en este momento recordar a cada una de estas personas que forman parte de tu vida y que te han ofendido.

¡Hoy Dios quiere que los perdones!... ¡Hoy Dios quiere liberarte de toda cautividad!

A pesar de los errores y las decisiones equivocadas de este hombre, Lot, lo vemos ahora en los próximos episodios de su vida siendo temeroso de Dios.

II-LOT, UN HOMBRE TRANSFORMADO Y LLAMADO A SERVIRLE AL SEÑOR.

Lo importante es cambiar nuestros malos caminos, nuestras malas decisiones, buscar el rostro de Dios y entregarle completamente nuestras vidas.

¿De qué o de quiénes tienes que apartarte para ser transformado(a) y poder atender a tu llamado?

A Lot Dios lo tuvo que sacar de esa ciudad pecadora donde él decidió vivir, una ciudad confundida en su identidad, pero en medio de ellos demostró que su corazón había cambiado.

Ahora vemos a este hombre llamado por Dios, siendo un guardián de puertas.

"Llegaron, pues, los dos ángeles a Sodoma a la caída de la tarde; y Lot estaba sentado a la puerta de Sodoma. Y viéndolos Lot, se levantó a recibirlos, y se inclinó hacia el suelo." Génesis 19:1.

Lot estaba a la entrada de las puertas de esta ciudad pecadora, viendo quién entraba y quién salía.

De igual manera, Dios quiere que nosotros seamos guardianes de puertas para:

-Proteger a toda nuestra familia con consejos, aunque para ellos no sea agradable la exhortación. Tenemos que cuidarlos del enemigo y vigilar toda puerta donde quiera entrar para destruir a nuestra descendencia.

-Proteger a los pastores, en vez de criticarlos, obedecerlos y cuidar de ellos, porque ellos están haciendo el trabajo más importante para nuestra vida; velan por nuestras almas, hay que reconocer su trabajo para que ellos lo hagan con gozo y no quejándose, así nos dice la Palabra de Dios.

Honremos a todos los líderes puestos por Dios.

-Vamos a vigilar que no entre el pecado en nuestra propia vida. Esto es muy difícil, vigilar nuestras propias puertas, las de la mente, las del corazón y las del espíritu.

¡Pero con Dios todo es posible!

Lot sigue haciendo buenos frutos dignos de un corazón arrepentido, y vemos que recibe a los ángeles que llegaron a esas puertas.

"Y dijo: Ahora, mis señores, os ruego que vengáis a casa de vuestro siervo y os hospedéis, y lavaréis vuestros pies; y por la mañana os levantaréis, y seguiréis vuestro camino. Y ellos respondieron: No, que en la calle nos quedaremos esta noche." Génesis 19:2.

Si tienes a Dios en tu corazón podrás discernir a quién dejar entrar a tu vida, conocerás y tendrás la seguridad que sean personas que edifiquen tu vida.

Y si es un sentimiento que va a causar daño en tu vida no lo dejes entrar, ¡recházalo!, no le permitas ninguna intimidad contigo, porque no tienen nada en común la luz con las tinieblas.

Sin embargo, Lot ve que estos hombres eran enviados de Dios y, aunque cuando él los invitó a su casa, ellos le dijeron no.

Él insistió, y eso es lo mismo que nosotros tenemos que hacer con todas las cosas que vengan de parte de Dios, dejarlas entrar a lo más íntimo de nuestro corazón para ser bendecidos.

Y esa insistencia de este hombre que Dios llamó tuvo resultados, él no se quedó conforme sino dijo; "estos hombres de Dios tienen que entrar a mi casa."

¿A quiénes has invitado a entrar a tu mente?

Quizá a pensamientos ilícitos que deshonran a Dios. ¡Cuidado!

¿A quiénes has invitado a tu corazón?

Al resentimiento posiblemente que ahora, con los años, se ha convertido en odio. Pero éste es el tiempo de darle salida a esos espíritus atormentadores que te han hecho la vida imposible.

Recuerda que tenemos enemigos ocultos que no los vemos con nuestros ojos físicos, son principados, potestades de las tinieblas, gobernadores del mismo Satanás.

¡Repréndelos en el nombre poderoso de Jesús!

Porque en la Cruz del Calvario, Cristo Jesús, los venció, los derribó, avergonzando así ese reino de maldad.

¡Basta ya de vidas derrotadas!

No contaminemos el lugar de nuestra morada, en el nombre de Jesucristo esos espíritus buscarán la salida, pero para tener esa autoridad lo primero es que le entregues tu vida al Rey de reyes y Señor de señores.

Lot invitó a estos ángeles que venían de parte de Dios, pero el enemigo también quiere que le des entrada a espíritus atormentadores, es ahí donde te tienes que parar firme y no dejarlos entrar. Y vemos a este hombre de Dios transformado, que no dejó entrar a su casa a esos hombres perversos que querían tener relaciones sexuales con estos ángeles.

¡Qué perversión la que había en esas ciudades de Sodoma y Gomorra!, eso mismo estamos viendo en estos tiempos, por eso vendrá juicio sobre la tierra, por tanta maldad y depravación.

¡Arrepiéntete de corazón y serás salvo!

Persevera hasta el final, no desmayes ni permitas entrar a nadie ajeno a tu vida espiritual.

Lot cerró la puerta de su casa, así lo debes hacer tú. Estos hombres perversos insistían en entrar a la casa de Lot y éste les dijo:

"Y llamaron a Lot, y le dijeron: ¿Dónde están los varones que vinieron a ti esta noche? Sácalos, para que los conozcamos.

Entonces Lot salió a ellos a la puerta, y cerró la puerta tras sí." Génesis 19:5, 6.

Pero estos hombres perversos se enojaron cuando vieron que él había cerrado la puerta.

Del mismo modo se van a enojar contigo cuando cierres la puerta a la oscuridad, pero el Todopoderoso pone ángeles a la entrada de tu hogar.

"Y ellos respondieron: Quita allá; y añadieron: Vino este extraño para habitar entre nosotros, ¿y habrá de erigirse en juez" Ahora te haremos más mal que a ellos? Y hacían gran violencia al varón, a Lot, y se acercaron para romper la puerta." Génesis 19:9.

Mira que insistencia del reino de las tinieblas, querer entrar a la intimidad de tu hogar, pero Lot, no se intimidó y cerró la puerta. Qué gran cobertura tenía de parte de Dios, porque quisieron romper y derribar la puerta y no pudieron hacerlo.

Ahora tú, ¿qué puertas son las que tienes que cerrar para que estos espíritus malvados no entren ni tengan participación en tu vida?

Así Lot nos deja un gran ejemplo; tú puedes también cambiar a ser un servidor de El Gran Yo Soy.

Lot no se enfocaba en hacer riquezas para él mismo, ahora había aprendido a valorar las cosas del espíritu y tiene un espíritu para hospedar ángeles.

¡Qué maravilla!... ¡Este hombre que Dios llamó!

Estos ángeles llegaron a su rescate, el juicio de Dios vino y destruyó con fuego estas ciudades malvadas y estos ángeles le dieron la orden a Lot; "Escapa por tu vida."

Y salieron él, su esposa y sus dos hijas, lamentablemente cuando la orden de los ángeles de Dios fue que no vieran hacia atrás, su mujer vio hacia atrás y quedó convertida en estatua de sal por su desobediencia, sólo él y sus dos hijas se salvaron de este juicio divino.

¿Quieres tú escapar del juicio venidero?

No tienes que ver hacia lo que antes te deleitaba, sigue y prosigue hacia adelante, no viendo a diestra ni a siniestra, sino el blanco que es Cristo Jesús.

Pon siempre tu mirada en Él, que es tu único Salvador y Señor.

Por eso te invito en este día que estás leyendo este libro: "Los hombres que Dios llamó", a que dejes entrar a Jesucristo a tu corazón y así escapar del juicio que se avecina a esta tierra, que va a ser tremendo para los que se queden a la gran tribulación.

Renuncia a la vida de pecado, Jesucristo te ofrece una vida eterna, una vida nueva en Él.

No lo sigas posponiendo, haz esta oración y di:

Padre Celestial, en este día vengo a ti arrepentido(a) por todos mis pecados y desobediencia para contigo, me rindo completamente a ti, quiero que escribas mi nombre en el Libro de la Vida, sé que Jesucristo murió por mí en la Cruz del Calvario y que tu gran amor lo hizo posible. Yo pido ahora que pueda ser un hombre o una mujer más que Dios está llamando, te lo pido en el nombre de Jesucristo. Amén, amén y amén.

La Vid

Aunque te
Critiquen
Tus enemigos,
Dios te saca
De cualquier
Lugar o situación.

Mary Escamilla

Dra.

La Vid

¡Cuidado!
Muchos
Líderes
Traen
A la Iglesia;
Herejías,
Blasfemias
Y Falsas
Doctrinas.

Mary Escamilla
Dra.

La Vid

Sé como

Daniel,

Propón

En tu

Corazón NO

Contaminarte

Con nada.

Mary Escamilla
Dra. ♥

La Vid

Creyente,

No creas

Todo lo

Que escuchas

O ves,

Mejor

Escudriña

La Escritura.

Mary Escamilla
Dra. 🖤

La Vid

La ambición
No te lleva
Muy lejos
Y caes en
Bancarrota.

Mary Escamilla
Dra. 🖤

La Vid

No seas
Ladrón,
Porque
No podrás
Entrar al
Reino de
Los Cielos.

Mary Escamilla
Dra. 💙

La Vid

Nada iguala

A la Biblia

Que es poética

Y contiene;

Genética,

Sicología,

Sociología,

Matemáticas,

Fisiología,

Historia,

Literatura,

Antropología,

Química,

Geología,

Biología y más,

Porque es el libro más

Completo de toda la historia.

Mary Escamilla
Dra.

La Vid

Los hombres
Cuentan las
Maravillas
De Dios.

Mary Escamilla
Dra. ♥

Dios llama
Bienaventurados,
A todos los que
Hallan la sabiduría
Divina.

La Vid

El hombre

Entendido

Protege,

Cuida y

Edifica

Su hogar.

Mary Escamilla
Dra. <3

La Vid

El mejor
Amor de
Todos los
Tiempos,
Es el ágape.

Mary Escamilla
Dra. ♥

La Vid

Los hijos de Dios,

No viven

Mediocremente.

Mary Escamilla
Dra. 🖤

La Vid

A los que guardan
Sus Mandamientos,
Dios promete estar
Con ellos hasta el
Fin del mundo.

Mary Escamilla
Dra.

El verdadero
Hombre
Construye
Su hogar en
Dirección Divina.

El verdadero

Hombre forma

Un solo hogar.

Mary Escamilla
Dra. ♥

MOISÉS

Éxodo 34:3

EL LLAMADO DE MOISÉS

Fue un llamado muy especial el que tuvo Moisés; a través de los tiempos se ha hablado de este hombre de Dios como el libertador del pueblo de Israel, guiando a esta multitud en el desierto, en el cual experimentaron el gran poder de Dios. Milagros sobrenaturales pudieron ver y, a pesar que este pueblo era rebelde y contumaz, Dios mostró su amor hacia ellos.

Fue la soberanía de Dios quien lo eligió y le asignó esta gran tarea, siendo un instrumento de Él en sus manos.

"Ven, por tanto, ahora, y te enviaré a Faraón, para que saques de Egipto a mi pueblo, los hijos de Israel." Éxodo 3:10.

Como humano tenía muchas debilidades, no era tan fácil aceptar este llamado. Más adelante lo vemos expresando sus excusas a tan grandioso llamado, a pesar de la gran manifestación de su poder viendo una zarza que ardía, ardía pero no se consumía.

Moisés desde su niñez había sido atacado, le quisieron quitar la vida pero Dios se la preservó. Siempre el enemigo ha tratado de atacar todo lo que Dios ha escogido para su gloria.

Veremos algunas de las excusas que Moisés le dio a Dios y con las cuales nosotros también nos podemos identificar:

1-La inseguridad.

"Quién soy yo para que vaya a Faraón, y saque de Egipto a los hijos de Israel?"

Posiblemente también tú te has preguntado lo mismo:

¿Quién soy yo? ¿Por qué vine a este mundo?

Moisés no se sentía con la capacidad de aceptar este llamado.

La inseguridad está destruyendo a muchas personas porque no se sienten seguras de sí mismas, no saben quiénes son, se sienten asechadas ante el peligro, sienten que las personas les harán daño.

Si padecemos en nuestro carácter este mal, nos sentiremos:

-Con incertidumbre.

-Seremos inestables.

-Seremos inconstantes.

-Tendremos desequilibrios, mentales y emocionales.

-Seremos indecisos.

En la vida diaria experimentamos inseguridades, por ejemplo:

-De perder el matrimonio.

-De perder el trabajo.

-De fracasar.

-De no ser escuchado.

-De no ser amado.

-De sentirse que no se es capaz de realizar un trabajo.

Pero: Si éste es tu caso, Dios quiere cambiar esas inseguridades que no te dejan emprender cosas y obedecer ante todo el llamado que tienes, Él quiere darte firmeza en tus decisiones para hacer su voluntad y no la tuya.

Y esto cuesta mucho, tenemos que morir a nosotros mismos, y entregarnos por completo a Él.

Así que Moisés debía de cambiar su forma de pensar, tenía que verse capaz y no permitir que la duda lo detuviera.

Recuerda que: "Todo lo podemos en Cristo, porque Él nos fortalece."

Cuántas personas hoy en día, cuando reciben un llamado de Dios también reaccionan como Moisés, no se sienten valorizados, su autoestima es tan baja que no se sienten capaces de hacer lo que Dios los ha enviado a realizar.

Dios anima a Moisés, y te anima a ti hoy y te dice:

"Ve, porque yo estaré contigo."

Y Dios, el Todopoderoso, le sigue diciendo que Él le daría las palabras con las cuales les iba a hablar al pueblo y que, además, Él le daría gracia al pueblo para que cuando salieran no salieran con las manos vacías; les dio una estrategia para que despojaran a los egipcios.

Tenemos a un Dios grande que se denomina:

"YO SOY EL QUE SOY."

No te enfoques en lo que tú crees que eres, recuerda, tú eres un hijo del Todopoderoso, El Santo de Israel, e irás y dirás lo que Él te diga.

No te sientas menor y no te enfoques en tus debilidades, sino en el poder de su fuerza. Eres un representante de Dios en esta tierra, embajador del Reino divino.

Él está junto a ti y te ha escogido para cosas grandes.

¿LO CREES?

2-La desconfianza.

"Entonces Moisés respondió diciendo: He aquí que ellos no me creerán, ni oirán mi voz; porque dirán: No te ha aparecido Jehová." Éxodo 4:1.

La desconfianza se origina en nosotros mismos, nos hace ver cosas que no existen, nos defendemos constantemente de toda situación y acumulamos tensiones llegando a tener mucho temor.

Es una emoción negativa, ya que puede dañar nuestro futuro y el de otras personas. Además, está destruyendo muchos matrimonios.

Algunas expresiones que escuchamos en personas que tienen desconfianza son:

¿Por qué no me llama?

¿Por qué no me contesta el teléfono?

¿Ya es tarde, dónde estará?

¿Por qué me ignora?

¿Con quién estará?

Es uno de los enemigos más fuertes en una relación, es un comején que ha destruido muchos hogares, cuidemos nuestra mente de pensamientos perturbadores y empecemos a pensar en cosas que edifiquen nuestra vida, leamos libros que nutran nuestro ser interno y el Libro más completo es: La Biblia, la Palabra de Dios.

Dejemos de imaginarnos cosas que no existen, sintámonos capaces de realizar todo en el nombre de Jesucristo.

Dios siempre nos hará estar confiados, si lo hizo con Moisés, lo hará contigo también.

"Y Jehová dijo: ¿Qué es eso que tienes en tu mano? Y él respondió: Una vara.

Él le dijo: Échala en tierra. Y él la echó en tierra, y se hizo una culebra; y Moisés huía de ella.

Entonces dijo Jehová a Moisés: Extiende tu mano, y tómala por la cola. Y él extendió su mano, y la tomó, y se volvió vara en su mano." Éxodo 4:2-4.

Empieza también tú a ver lo que tienes, lo que Dios te ha dado. Moisés tenía el instrumento para vencer a los enemigos, una vara, nunca se imaginó que haría cosas grandes con una vara.

Ahora tú y yo tenemos al Espíritu Santo, Jesucristo después de haber resucitado dijo que no nos dejaría huérfanos y enviaría al Espíritu Santo para que estuviera con nosotros hasta el fin del mundo.

3-Los defectos físicos.

"Entonces dijo Moisés a Jehová: ¡Ay, Señor! nunca he sido hombre de fácil palabra, ni antes, ni desde que tú hablas a tu siervo; porque soy tardo en el habla y torpe de lengua. "Éxodo 4:10.

¡Otra excusa más al llamado! Hasta dónde podemos llegar nosotros dando excusa tras excusa, para no hacer lo que debemos hacer.

Ese defecto físico que menciona Moisés, de ser tardo en el habla y torpe de lengua, lo estaba limitando y le impedía hacer la voluntad de Dios.

Pero éste es el día que dejemos de sentirnos pequeños, miserables y con una autoestima baja.

Moisés se identifica ante el llamado del Todopoderoso como una persona inútil.

¿Te sientes así?

-¿Inservible.

-Que no eres apto para nada.

-Que eres incapaz de hacer algo provechoso.

-Que no puedes lograr tus metas.

-Que no sirves para nada?

¡Mentira!... ¡Suelta, esas ataduras en el nombre de Jesucristo!

Tu vida es provechosa para Dios y para la humanidad

Eres Eficaz.

Eres Valioso.

Eres eficiente.

Eres hábil para realizar los propósitos de Dios.

¡No hay nada que impida al ser humano, hacer la voluntad de Dios!

Dios tiene una respuesta para cada excusa que le quieras dar para no aceptar tu llamado:

"Y Jehová le respondió: ¿Quién dio la boca al hombre? ¿o quién hizo al mudo y al sordo, al que ve y al ciego? ¿No soy yo Jehová?" Éxodo 4:11.

¡Qué declaración, más contundente!

¿Habrá algo imposible para Dios? ¡NO!

¡Todo es posible con Dios!

¡No te rindas ante nada!

Además, Moisés:

4-Se sentía incompetente a lo máximo.

"Y él dijo: ¡Ay Señor! envía, te ruego, por medio del que debes enviar." Éxodo 4:13.

Las personas que se sienten así, se vuelven ofensivas. Y vemos la expresión de Moisés hacia Dios, diciéndole: "envía al que debes enviar", como quien dice: "Yo no soy el que buscas, déjame en paz".

¡Ay, qué terrible respuesta de Moisés para Dios!

Así, muchas veces perdemos la cortesía con las personas, las tratamos de una manera áspera y perdemos la fuerza física, emocional y mental, al sentirnos incompetentes.

Después de tantas excusas para aceptar el llamado, Moisés hace enojar a Dios, pero Dios que es paciente le dice que le pondría personas a su lado para que le ayudaran en el llamado.

Dios quiere decirte a ti hoy:

No eres incompetente, eres competente.

No eres inexperto, con Dios a tu lado eres experto.

No eres incapacitado, eres capacitado para el llamado de Dios.

No eres un inepto, al contrario, eres talentoso.

El Señor te ha capacitado a ti para hacer la obra que Él te ha enviado, antes de darte un llamado ministerial te ha llamado a que:

Como esposo:

-Seas el sacerdote de tu hogar, cabeza del hogar.

-Que ames, como Cristo amó a la iglesia, a tu esposa.

-Que la cuides, la sustentes y señorees sobre tu casa.

Como esposa:

-Que te puedas sujetar a tu esposo.

-Que respetes a tu marido.

-Que le des bien a su marido, todos los días de su vida.

Como hijos:

-Que obedezcan a sus padres.

-Que honren a su padre y madre.

Como padres:

-Que no provoquemos a ira a nuestros hijos.

-Que los criemos en disciplina.

-Que los amonestemos en el temor de Dios.

Como trabajadores:

-Que obedezcamos a nuestros amos con temor y temblor.

-Que no trabajemos sólo cuando ellos nos ven.

-Que sirvamos de buena voluntad.

Como amos terrenales:

-Hagan bien con sus empleados.

-Que dejen de amenazarlos.

-Que hagan lo justo con ellos.

Dejemos de poner excusas para no cumplir estos roles, Él nos ha capacitado a través del sacrificio de Jesús y su Santo Espíritu.

Y recordemos que además de estos roles, Dios nos llama a ser sus servidores, nos ha dado dones y no podemos rehusar a su llamado.

Moisés al fin aceptó el llamado de Dios, llegando a ser el hombre más manso que había e hizo obras poderosas, porque el que iba delante de él, era: "El GRAN YO SOY."

Después de conocer este llamado de Moisés, piensa tú qué excusas le estás poniendo a Dios, primeramente para no aceptar la salvación de tu alma y, si ya lo hiciste, posiblemente no has querido aceptar el llamado que Él te ha hecho.

Recuerda, si no lo has aceptado:

Él envió a Jesucristo, su Amado Hijo, para que viniera a morir por ti y por mí y así deshacer toda obra de maldad que quiera venir para dañar toda tu vida.

¿Quieres en este día hacer una oración de entrega y recibir a Jesucristo en tu corazón?

No sigas poniendo excusas, el enemigo quiere que te veas; indigno, inútil, incompetente y sintiéndote poca cosa. Ya no sigas sufriendo, tú y yo hemos sido llamados para obedecer y servir al Único Dios verdadero.

Si lo deseas hacer, haz una oración y di:

Bendito Padre Celestial, creador del cielo, la tierra y todo lo que existe, perdóname por todos los pecados que he cometido contra ti, quiero que me recibas como tu hijo(a), ya no quiero sentirme poca cosa, sé que Jesucristo vino y murió en una Cruz para pagar por mis pecados y hacerme libre de toda atadura mental y emocional que me está estorbando para hacer tu completa voluntad. Escribe mi nombre en el Libro de la Vida, te lo pido en el nombre de Jesucristo. Amén, amén y amén.

Te felicito por esta decisión que has hecho hoy; que es la más importante de tu vida.

Ahora empiezas a vivir una nueva vida en Cristo, recuerda que las cosas viejas ya han pasado y que todas serán hechas nuevas, empieza a tener una comunión con Él, puedes todos los días hablar con Él, en oración, dile con tus propias palabras lo que sientes, escucha música que exalte su nombre, lee su Santa Palabra, La Biblia, y busca una Iglesia donde te puedas congregar y que sea una sana doctrina.

Verás cómo tu vida cambiará y empezarás en tu propio ser a sentir que ríos de agua viva corren sobre tu interior. Y podrás lograr tus metas, sueños y lo más importante, serás obediente al llamado que Dios ha hecho sobre ti; un buen padre, una buena madre, un buen esposo, una buena esposa, un buen hijo(a), un excelente trabajador, un excelente jefe, un buen ministro del evangelio de Jesucristo.

La Vid

El cuerpo es
Una morada
Temporal,
El espíritu y
El alma,
Morada Eterna
Y Celestial.

Mary Escamilla
Dra. ❤️

Los ángeles

De Dios te

Llevarán

Al cielo en

El último

Momento

De tu vida.

Dra.

La Vid

Que no te
Pierda
Tu ambición,
Analiza la
Prosperidad.

Mary Escamilla
Dra. ♥

La Vid

No le quites
El valor a
La Palabra
De Dios,
Porque es
Un tesoro.

Mary Escamilla
Dra. 🖤

La Vid

Camina en
La verdad
Para que
Seas
Enriquecido.

Mary Escamilla
Dra. ♥

La Vid

Los ángeles

Caídos son

Aquellos

Que se

Rebelaron

Contra Dios.

¡Cuidado!

Repréndelos

Con autoridad.

Mary Escamilla
Dra. ♥

La Vid

Dios no
Complace
La curiosidad
Del mundo.

Mary Escamilla
Dra. ♥

Dios revela

Abundancia

De paz

Y verdad

A sus hijos.

Mary Escamilla
Dra. ♥

La Vid

No vivas

Esclavo de

La mentira,

El robo o

El pecado.

Mary Escamilla
Dra. 🖤

La Vid

Cuando honras
A Dios con
Tus bienes,
Él llena tus
Graneros y
Sobreabunda
Las bendiciones.

Mary Escamilla
Dra. ❤

La medicina
Para el alma,
Es apartarte
Del mal.

Mary Escamilla
Dra. ♥

La Vid

El testimonio
De la Palabra
De Dios te da
El poder.

Mary Escamilla
Dra.

Yo reconozco
A Dios en todas
Las áreas de mi
Vida y honro
Su Palabra.

Dra.

La Vid

Todo aquél
Que predica
Y practica la
Palabra de Dios,
Es bendecido
Por Él.

Mary Escamilla
Dra. ♥

La Vid

Después
Del
Quebranto
Viene el
Gozo.

Mary Escamilla
Dra.

Nehemías

Nehemías 2:11-12

EL LLAMADO DE NEHEMÍAS

Fue el copero del rey, un hombre de confianza, su trabajo era muy arriesgado, de vida o muerte podríamos decir, ya que tenía que probar el vino antes que el rey lo probara, para ver si no había sido envenenado.

Jerusalén estaba destruida, su corazón estaba muy triste a causa de eso y tomó una decisión, reconstruir los muros siendo ese gran líder; pero este gran reto no lo pudo haber hecho si no fuera porque fue un hombre temeroso a Dios y también tenía firmeza en sus decisiones.

"Cuando oí estas palabras me senté y lloré, e hice duelo por algunos días, y ayuné y oré delante del Dios de los cielos." Nehemías 1:4.

Qué maravilloso es que en los tiempos de dificultad, de opresión, de tristeza, de ansiedad y de desconsolación, podamos buscar en oración y ayuno a Dios para que Él nos consuele y poder seguir adelante.

Algunos creen que Nehemías fue el escritor del libro que lleva su nombre en el Antiguo Testamento, otros dicen que fue Esdras, donde se relata cómo fueron reconstruidos esos muros y cómo se renovó la fe de todo el pueblo. ¡Extraordinario!

Él triunfó a pesar de la oposición que hubo, se levantaron enemigos que querían impedir que la obra no se hiciera, pero ese temor a Dios que él tenía le dio la victoria.

"Pero oyéndolo Sanbalat horonita y Tobías el siervo amonita, les disgustó en extremo que viniese alguno para procurar el bien de los hijos de Israel." Nehemías 2:10.

¡Qué corazón más malo tenían esos hombres!

Pero este hombre valiente de Dios, no se dejó llevar por la intimidación de estos enemigos de la obra que Él ya había determinado hacer, así muchos ahora se oponen.

¿Qué cosas han detenido tu caminar cuando has emprendido reconstruir cosas en esta vida?

Sigue, continúa, no le tengas temor a nada ni a nadie ya que Dios no te ha dado ese espíritu de ser cobarde sino el de:

Poder, Amor y Dominio Propio.

De manera que si has perdido tiempo y oportunidades en el pasado, hoy es el día de empezar de nuevo. No temas ni desmayes ante cualquier enemigo, porque ellos no te podrán vencer, sólo si tú lo crees.

Muchas cosas podemos aprender de este hombre llamado por Dios.

I-DEBEMOS SER EDIFICADORES.

"Les dije, pues: Vosotros veis el mal en que estamos, que Jerusalén está desierta, y sus puertas consumidas por el fuego; venid, y edifiquemos el muro de Jerusalén, y no estemos más en oprobio." Nehemías 2:17.

Nehemías fue un hombre de comunión y oración y, a pesar que disfrutaba de una buena vida al lado del rey, despreció todo eso para ser un edificador cuando Jerusalén estaba destruida.

Asimismo, nosotros debemos ser edificadores primeramente de nuestra propia vida, después de la familia y de nuestra congregación.

¿Qué adversidades estás pasando?

Como esposo, posiblemente tu matrimonio está al borde del divorcio porque aún estás viviendo en el error.

Quizá como hijo, sientes que tus padres no te comprenden, porque en tu corazón hay rebeldía.

O será que tienes dudas que hay un Dios poderoso que te puede dar las estrategias, para que tus pensamientos sean cambiados y tu mente renovada en nuestro Señor Jesucristo.

No importa qué clase de adversidad sea, con Jesucristo todo lo podrás vencer, absolutamente todo.

¿Qué más podemos hacer para edificar?

-Levantarnos de la pasividad.

-Activar los dones y talentos.

-Y ordenar las cosas que están en desorden.

Eso sólo será posible si guardamos los mandamientos y preceptos que están escritos en su Palabra, la Biblia, porque allí hay sabiduría e inteligencia.

Debemos restaurar también las vidas de las personas que tienen el corazón destruido, esa es la obra que Dios nos ha encomendado, pero lo primero es que nosotros mismos seamos restaurados en nuestra manera de pensar y que seamos sanos de nuestro propio corazón, para poder ministrar y predicar con nuestro propio testimonio.

Nehemías tenía un corazón sensible al dolor ajeno, él, cuando oyó que había un gran mal; que las murallas habían sido derribadas y las puertas habían sido quemadas, derramó sus lágrimas y se entristeció, pero lo que fue más impactante, que en medio de esos momentos él se puso a ayunar y a buscar en oración el rostro de Dios.

¿Qué tristeza estás atravesando en tu vida?

¿Tu cónyuge te dejó?

¿Perdiste tu negocio?

¿Perdiste tu trabajo?

¿Es la incomprensión de tus hijos?

¿Alguien que amabas murió?

¿Te divorciaste?

No importa qué tristeza sea, levántate ahora mismo y busca el rostro del Todopoderoso, para que Él te llene de su amor y su gracia y vuelvas al gozo de tu Señor y tu primer Amor.

Es tiempo de restaurar las ruinas antiguas, todo aquello que te dañó en tu pasado, Dios quiere restaurar primero la relación entre tú y Él. De esa manera podrás experimentar la grandeza de Dios en tu vida y reconocerás que sin Él nada puedes hacer.

Asimismo, Nehemías se postró en oración después de haber ayunado y le rogó a Dios; primero exaltó su nombre y luego le pidió que estuviera atento su oído y sus ojos abiertos, para que escuchara su oración. Para hacer este tipo de oración, debes reconocer a Jesucristo como tú único y suficiente Salvador, y estar atento al llamado que te hace Él, así como servirle con integridad y obediencia a su Palabra.

Este hombre de Dios oró y confesó el pecado de su vida y también de ese pueblo, especificando que ellos habían pecado contra Él y que no habían obedecido a los mandamientos que fueron dados a Moisés.

Luego, le pidió que le diera éxito en lo que él iba a emprender.

¿Has tomado en cuenta a Dios en todas tus decisiones?

¿Has perdido la Dirección Divina?

Si tu respuesta es No, hoy es el día que te pongas a cuentas con Él, que le pidas perdón y así empezarás a edificar en la roca que es fuerte. Del mismo modo, Él contestará en oración las peticiones de tu corazón y verás la bendición.

Y después de humillarte, pídele lo que tu corazón desea, no para saciar tus impulsos sino para honrar su nombre, edificarte, así como ministrar a otros.

Nehemías después de haber orado y estado en comunión con Dios, habiéndole perdido perdón, Dios le dio gracia ante el rey y un día después de verlo triste éste le preguntó por qué estaba triste, Nehemías le expuso lo que había en su interior, el rey le preguntó qué deseaba y le concedió lo que él pidió.

Eso es lo que hace Dios cuando lo buscamos primeramente, Él nos da la gracia con las personas que tienen el poder de ayudarnos.

¿Qué necesitas para restaurar tu vida matrimonial, tu vida sentimental, tu vida familiar, financiera?

Cuando tú quieras restaurar alguna área en tu vida se presentarán enemigos u obstáculos que querrán impedir tu buena decisión. A este hombre llamado por Dios, también se le levantaron enemigos que querían paralizar la obra buena que él había empezado. No tengas temor a ninguno de ellos, atiende a tu llamado del mismo modo que lo hizo él.

Mira, aquí se le levantaron enemigos a Nehemías para que desistiera de levantar y restaurar los muros; pero él tuvo la valentía para resistir y reprender toda oposición, su amor a su pueblo fue más grande que cualquier enemigo. ¡Gloria a Dios!

¿Con cuáles enemigos te has enfrentado y no has podido vencerlos?

¿El temor.

Las raíces de amargura.

Tu vecino.

Los hermanos de la iglesia.

Tu familia.

Las contiendas.

Tu compañero de trabajo?

Rinde tu vida a Él ahora y Dios vencerá a todos tus enemigos que quieran intervenir en la restauración de tu vida, no importa cuál sea el área. ¡Dios lo puede hacer!

II-UN HOMBRE OBEDIENTE A SU LLAMADO.

Dios lleva a cabo su obra aquí en la tierra a través de la obediencia de los que han sido llamados al ministerio de Él.

Cuando hay obediencia, los enemigos huyen y sus planes son frustrados por el que todo lo puede, porque Él sabe dar estrategias a los verdaderos hombres de Dios que son obedientes al llamado.

¿Estás siendo obediente en tu llamado?

Si tu respuesta es Sí, te felicito; pero si es No, te animo a serlo, no hay privilegio más grande que ese, servir al Rey de reyes y Señor de señores, y verás la Gloria de Dios en tu vida.

No te desalientes, si estás pasando por el desierto Él está contigo, aunque andes en valles oscuros donde sientes que Dios se ha olvidado de ti, Él siempre va a tu lado para fortalecerte y animarte.

Dios destruye el consejo de los malos, cuando obedeces a tu llamado. ¡Él es tu fortaleza!

"Y cuando oyeron nuestros enemigos que lo habíamos entendido, y que Dios había desbarato el consejo de ellos, nos volvimos todos al muro, cada uno a su tarea.

Desde aquel día la mitad de mis siervos trabajaba en la obra, y la otra mitad tenía lanzas, escudos, arcos y corazas; y detrás de ellos estaban los jefes de toda la casa de Judá." Nehemías 4:15, 16.

Había un movimiento grande y un ánimo en cada uno de ellos, porque había un hombre de Dios que estaba ejerciendo su liderazgo con amor y estaba comprometido con Dios.

¿Cómo estás ejerciendo tu liderazgo en tu hogar?

Como padre.

Como madre.

Como tío(a).

Como primo(a).

Como amigo(a).

Como hermano(a).

Como nuera.

Como sobrino(a).

Como esposo.

Como esposa.

Como suegro(a).

Como cuñado(a).

Como yerno.

Éste es el día que escudriñes tu liderazgo, si has estado fallando y haciéndolo sin amor, desiste hoy, cambia de actitud.

Así como Nehemías obedeció a cada sentir, porque su corazón lo amaba a Él y al llamado.

"Entonces puso Dios en mi corazón que reuniese a los nobles y oficiales y al pueblo, para que fuesen empadronados según sus genealogías. Y hallé en el libro de la genealogía de los que habían subido antes, y encontré en él escrito así:" Nehemías 7:5.

Es interesante ver cómo el corazón de Nehemías estaba entregado a Dios, que los sentires que venían a él venían directos del cielo. Engañoso es el corazón, más que todas las cosas, dice la Biblia, pero eso sucede cuando éste no ha sido entregado por completo a Él.

¿Cómo está tu corazón hoy?... ¿Rendido sólo en algunas áreas y en otras no?

Arrepiéntete hoy y verás resultados maravillosos en tu vida personal, familiar, empresarial y ministerial.

Nehemías es un gran ejemplo, demostró que con Dios podemos afrontar grandes desafíos a pesar de las dificultades, peligros, adversidades, y hasta en medio de los enemigos que no quieren que tú seas un edificador.

¿Qué es lo que está impidiendo que empieces a edificar esas áreas que están como escombros en tu vida y muchas de ellas son generacionales?

Hoy es el día que puedas entregarle al Todopoderoso tu vida. Haz esta oración de arrepentimiento y di:

Hoy vengo ante ti reconociendo tu gran poder, tu soberanía, me arrepiento por todos mis pecados, te he fallado mucho tiempo, pero desde hoy quiero empezar una vida nueva, perdóname Dios por no haber reconocido el sacrificio de tu Hijo Jesucristo, de haber dado su vida por mí, escríbeme hoy en el Libro de la Vida, quiero empezar de nuevo, te lo pido en el nombre de Jesucristo. Amén, amén y amén.

La Vid

**Dios es
Soberano
Y creador
Del universo.**

Mary Escamilla
Dra. ♥

La Vid

Dios fue,

Es y será

Bueno

Siempre.

Mary Escamilla

Dra.

Dios me sacó
Del pozo de la
Desesperación
Y la angustia.

Dra. 💙

La Vid

El Señor
Multiplicó
En mi vida
Las semillas.
Y en
Abundancia
Él me bendijo.

Mary Escamilla
Dra. ♥

La Vid

El cuerpo
De Cristo
Cumple
Diferentes
Funciones
En la
Iglesia.

Mary Escamilla
Dra.

La Vid

Honra siempre

A Dios

Haciendo un

Trabajo de

Excelencia.

Haz lo mejor.

Mary Escamilla
Dra. ♥

La Vid

Los misterios
De Dios son
Maravillosos
En todo tiempo.

Mary Escamilla
Dra. ♥

La Vid

El aborto

Es un crimen,

Es un asesinato,

Porque

El Embrión

Es creación

De Dios.

Mary Escamilla
Dra.

La Vid

Los hijos

De Dios

Oyen su voz.

Mary Escanilla
Dra. 🖤

Dios pone
Sus ojos
En ti y te
Enseña el
Camino.

Mary Escamilla
Dra.

La Vid

Solamente

Los vencedores

Gobernarán.

Mary Escamilla
Dra. ♥

La Vid

Dios cuida
De sus hijos,
No de los
Bastardos.

Mary Escamilla
Dra.

La Vid

Cuando el corazón
Del hombre se
Engrosa, no oye,
No ve, no entiende
Ni obtiene sanidad.

Mary Escamilla

Dra. ♥

La Vid

Señor,

Úsame,

Llévame,

A donde

Tú quieras

Que yo vaya.

Mary Escamilla
Dra.

 La Vid

En todas
Las áreas
De tu vida,
Haz la Milla
Extra.

Mary Escamilla
Dra. ♥

JOSÉ

Génesis 41:37-57

EL LLAMADO DE JOSÉ

José nació y creció en un ambiente familiar lleno de conflictos, Jacob, su padre, tuvo 14 hijos con cuatro diferentes mujeres, Lea, Raquel, y las siervas de ellas, Zilpa y Bilha.

Su mamá y su tía se tuvieron envidia entre ellas. Raquel, su mamá, era estéril, José es el resultado de un milagro hecho por Dios.

José experimentó un gran dolor a su temprana edad y fue la muerte de su madre, murió cuando daba a luz a su hermano Benjamín.

Su padre, Jacob, le dio un cariño muy especial, le hizo una vestimenta que lo distinguía de entre sus hermanos.

"Y amaba Israel a José más que a todos sus hijos, porque lo había tenido en su vejez; y le hizo una túnica de diversos colores." Génesis 37:3.

¡Qué gran error como padre!

No debemos tener preferencia por ningún hijo, todos son creados por Dios y son diferentes unos de los otros. Algunos de ellos son nuestro reflejo y muchas veces, con ellos, son los que más problemas tenemos, pero esa no es una razón para hacer diferencia.

José siguió viviendo cosas muy duras y dolorosas con sus propios hermanos, pero él seguía siendo un ejemplo, como lo es hasta hoy para los jóvenes de este tiempo.

Sus hermanos lo aborrecieron, llegando al grado de odiarlo por envidia.

"Y viendo sus hermanos que su padre lo amaba más que a todos sus hermanos, le aborrecían, y no podían hablarle pacíficamente." Génesis 37:4.

Debemos corregir este error si lo estamos cometiendo, si tu hijo es el menor y lo consientes más que a los demás, puedes estar fomentando la envidia de sus hermanos.

Ámalos por igual.

Atiéndelos por igual.

Corrígelos por igual.

Apóyalos por igual.

Abrázalos por igual.

¡No hagas diferencia, eso es pecado!

¿Qué lecciones podemos aprender de este Hombre que Dios llamó?

I-JOSÉ SUPERÓ EL RECHAZO.

José empezó a tener sueños muy significativos que venían de parte de Dios, José se los compartió a sus hermanos y ellos más lo llegaron a aborrecer.

Debemos tener prudencia y saber a qué personas les compartimos nuestros sueños y las experiencias que tenemos con Dios, porque puede ser que estas personas no te amen y te den un mal consejo. ¡Cuidado!

En una ocasión, sus hermanos mayores estaban cuidando los rebaños en un lugar donde había enemigos y su padre lo envió para ver si no les había pasado algo, porque él estaba preocupado por ellos. Pero al ver a José, sus hermanos se comenzaron a burlar de él.

"Y dijeron el uno al otro: He aquí viene el soñador." Génesis 37:19

¿Se han burlado de ti alguna vez?

Porque eres gordito(a).
Porque eres flaco(a).
Porque eres pequeño(a).
Porque eres grande.
Porque vives humildemente.

¡No les temas, ellos no pueden matar tus sueños!
Ten fe, mantente con la mente puesta en el Dios Todopoderoso.

Espera, tu momento está por llegar.
No temas ni desmayes, prosigue a la meta de tus sueños.
Que nadie, robe tus sueños…Son tuyos.
La burla es la antesala para ver tu prosperidad.
¡Que nada ni nadie te detenga!

Estos hermanos llegaron al punto de quererlo matar, pero intervino Rubén, su hermano, e impidió que ellos derramaran sangre; le quitaron su túnica que tanto amaba, lo metieron en una cisterna, lo dejaron y luego inventaron una mentira para decirle a su padre y hacerle creer que una fiera salvaje lo había matado, sin importarles el dolor que le estaban causando a su propio padre.

¡Qué hijos más desconsiderados con su padre!

¿Qué clase de hijo o hija te consideras?

¿Qué clase de amigo o amiga te consideras?

A José parecería que el mundo se le había venido encima, pero Dios lo estaba llevando al lugar de su destino.

José tenía mucha fe, así que estos sufrimientos y los que le faltaban, no se la pudieron quitar.

¿Qué pruebas estás pasando en tu vida?

¿Se comparan a las de José?

Después que lo tiraron en la cisterna, pasaron unos madianitas mercaderes y sacaron a José de allí, pero le vendieron a los ismaelitas por veinte piezas de plata y éstos se lo llevaron a Egipto.

II-JOSÉ RUMBO A LA PROSPERIDAD.

Potifar lo compra, pero dice la Palabra de Dios:

"Mas Jehová estaba con José, y fue varón próspero; y estaba en la casa de su amo el egipcio." Génesis 39:2.

No hay cosa más grande y maravillosa que, aunque seas desechado por el hombre, Dios esté a tu lado.

Todo lo que hacía José era prosperado, su amo lo veía y halló gracia ante sus ojos.

Pero el enemigo seguía persiguiendo la vida de José y le tiende una trampa en casa de su amo, y fue que la mujer de éste había puesto sus ojos en él.

"Aconteció después de esto, que la mujer de su amo puso sus ojos en José; y dijo: Duerme conmigo.

Y él no quiso, y dijo a la mujer de su amo: He aquí que mi señor no se preocupa conmigo de lo que hay en casa, y ha puesto en mi mano todo lo que tiene." Génesis 39:7, 8.

¡Qué terrible tentación! ¿Has cedido tú a alguna o algunas veces a esta tentación?

Pídele perdón a Dios. ¡Él te puede perdonar! Si has caído en las redes del adulterio o fornicación.

Esta mujer siguió insistiendo con José, llegando al grado de provocarlo más de cerca para que él cayera en la tentación.

"Y ella lo asió de su ropa, diciendo: Duerme conmigo. Entonces él dejó su ropa en las manos de ella, y huyó y salió." Génesis 39:12.

¿Qué clase de esposa, era esta mujer? Completamente infiel a su esposo, una mujer descarada.

Cuando vio que José era un hombre temeroso de Dios se enojó, como se enoja el enemigo cuando no caemos en las redes de la tentación, le hizo creer a su esposo que José se le había insinuado y el amo puso a José en la cárcel.

Quizá digas tú; Qué injusticia la de Dios.

La Palabra de Dios dice que bienaventurado el varón que soporta la tentación porque éste heredará la vida eterna.

¡Que promesa más linda! Se estaba acercando a la gran bendición que Dios tenía para José.

En la cárcel:

"Pero Jehová estaba con José y le extendió su misericordia, y le dio gracia en los ojos del jefe de la cárcel." Génesis 39:21.

No hay demonio, no hay diablo, no hay personas, no hay circunstancia ni tiempo, que pueda contra los que son verdaderos hijos de Dios, y se los demuestran con hechos. José era uno de ellos.

Tienes algún familiar en la cárcel, debes saber que Dios visita las cárceles y hará justicia con los seres amados que han llegado siendo acusados injustamente, otros están siendo disciplinados allí por Dios; deja que Dios haga su trabajo, saldrán como siervos poderosos del Dios altísimo y le servirán, porque ese no es el lugar de su destino.

¿Quieres ser tú un José en esta vida? ¡Con Jesucristo lo puedes lograr!

Ven hoy a sus brazos de amor y serás un vencedor.

No importa dónde te encuentres, si es en la cárcel, en el abandono, en el dolor, en la tristeza.

No temas… Si haces el bien, donde quiera que vayas serás de bendición.

Aun en la cárcel José brillaba como hijo de Dios y lo pusieron como jefe de los presos.

Y el diablo enojado, como está cuando le sirves a Él, cuando le adoras con todo tu corazón.

Luego en la casa del rey de Egipto sucedió algo y el copero y el panadero fueron a parar a la cárcel, cada uno de ellos tuvo un sueño y José se los interpretó y se cumplió; el panadero fue ahorcado y el copero fue restituido a su cargo, pero éste no se acordó de José, sino que se olvidó del bien que le hizo José.

Así hay mucha gente hoy, que reciben las bendiciones de Dios o favores de las personas y son malagradecidos, no se acuerdan de los que les tendieron la mano en tiempos de dificultad.

Seamos agradecidos siempre.

José está a punto de ver sus sueños cumplidos, Faraón tuvo un sueño y el copero se acordó de José, el que le había ayudado, y lo manda a llamar, así José interpretó los sueños de Faraón.

Pero no sólo los interpretó sino le dio soluciones, cómo resolver el tiempo de crisis que venía sobre la tierra.

Demostrando una vez más que Dios estaba con él.

"Y dijo Faraón a sus siervos: ¿Acaso hallaremos a otro hombre como éste, en quien esté el Espíritu de Dios?

Y dijo Faraón a José: Pues que Dios te ha hecho saber todo esto, no hay entendido ni sabio como tú.

Tú estarás sobre mi casa, y por tu palabra se gobernará todo mi pueblo; solamente en el trono seré yo mayor que tú." Génesis 41:38-40.

Fue tan difícil la vida de José y con la cual nos podemos identificar, quizá, al leer este libro digas o pienses, yo no he pasado lo que José vivió desde su niñez, su adolescencia, su juventud y ahora llegó al destino de su vida, al propósito por el cual Dios lo había llamado.

José al ser promovido por Dios, seguía siendo el mismo, lleno de amor por su familia y, en el tiempo del hambre, su padre escuchó que había alimentos y les dijo a sus hijos que fueran, fue un momento demasiado emotivo para José al ver a sus hermanos llegar, se acordó de los sueños que él había tenido de joven y ahora se estaban cumpliendo, lloró a gritos.

Y teniendo a sus hermanos enfrente se dio a conocer a ellos y les dijo:

"Yo soy José; ¿vive aún mi padre? Y sus hermanos no pudieron responderle, porque estaban turbados delante de él." Génesis 45:3.

La vida da vueltas, si has dañado a alguien, pídele perdón a Dios.

José los perdonó de corazón, pudo ver a su padre y bendecirlos, en ese tiempo de hambre los sustentó para que no murieran.

¿Quieres perdonar de esa manera a aquellas personas que te han dañado?

Quizá digas no puedo…¿Cómo olvidar lo que me han hecho?

Pero recuerda esto: Jesucristo vino a dar su vida por ti a este mundo, derramó su sangre preciosa para perdonarte a ti por todos tus pecados.

¿Qué te impide perdonar a quienes te han ofendido?, si Jesucristo ya te perdonó, perdona.

Se cumplieron todos los sueños de José.

-Resistió la tentación.

-Devolvió bien por mal.

-Dependió de Dios en todo.

-No cambió ante la gran prosperidad.

Sé que Dios te ha hablado y hoy te invito a que le entregues tu vida a Jesucristo, a reconocerlo como tu Salvador, haz una oración de entrega y di:

Me has hablado, Dios, a través de este hombre que llamaste para cumplir un gran propósito, perdóname por todos mis pecados, reconozco a Jesucristo como mi único y suficiente Salvador de mi alma, escribe mi nombre en el Libro de la Vida. Gracias Padre Celestial por enviarlo a morir por mí, en el nombre de Él te lo pido. Amén, amén y amén.

Nunca

Repitas la

Misma

Historia,

Por muy

Buena

Que haya

Sido.

La Vid

La

Locura

Espiritual

No

La

Entiende

El

Mundo.

Mary Escamilla

Dra. ♥

La Vid

No te
Centres
En ti
Mismo,
Que tu
Centro
Sea Dios
Siempre.

Mary Escamilla
Dra.

La Vid

CRISTO,

En la Cruz,

Ya lo hizo

Todo por ti.

Sé obediente

A su Palabra.

Mary Escamilla
Dra. ♥

La Vid

**Mantente
Con la
Mente de
CRISTO
Y vive
Tu santidad.**

Mary Escamilla
Dra.

La Vid

No permitas

Que te

Gobiernen

Tus pasiones

O perderás

El camino.

Mary Escamilla
Dra. 🖤

La Vid

Todos los

Seres

Humanos

Tenemos

Un Cuerpo,

En el cual

Una alma y

Un espíritu

Viven dentro.

Mary Escamilla
Dra. 🖤

La Vid

La Creación de Dios
Es hermosa en todo
Su esplendor.

Mary Escamilla
Dra.

La Vid

No cauterices
Tu conciencia
O tendrás
Consecuencias
En tu vida.

Mary Escamilla

Dra.

La Vid

Que no se turbe
Tu espíritu,
Pídele a Dios
Discernimiento.

Mary Escamilla
Dra. ♥

La Vid

No te unas
Al enemigo,
Porque serás
Culpable por
Asociación.

Mary Escamilla
Dra. 🖤

La Vid

El derecho
Del humano,
Es respetar
La vida de
Todo el ser
Humano que
Aún no ha nacido.

Mary Escamilla

Dra.

La Vid

El asesino

Más vil,

Es aquél que

Mata a un

Inocente

Dentro del

Vientre de

La madre.

Mary Escamilla

Dra. ♥

**Todos los
Ídolos que
Tengas en
Tu vida,
Son vanidad.**

La Vid

El hombre

De pecado

Quiere

Destruirte.

Mary Escamilla
Dra. 🖤

NOÉ

Génesis 7:1-24

EL LLAMADO DE NOÉ

En un tiempo donde la maldad de la humanidad era grande sobre la tierra, ya que los hombres habían hecho muchas cosas que deshonraron a Dios en su mente y corazón, Jehová expresó estas palabras:

"Y se arrepintió Jehová de haber hecho hombre en la tierra, y le dolió en su corazón." Génesis 6:6.

Y decidió destruir toda la tierra, a seres vivientes desde los hombres hasta los animales que él había hecho.

Pero hubo sólo un hombre que halló gracia ante sus ojos y ese fue Noé.

¿Cuáles eran las cualidades de este Hombre de Dios?

-Varón perfecto.

-Justo en su generación.

-Y caminaba con Dios.

¡Qué bendición y privilegio tuvo Noé!

La tierra estaba corrompida y llena de violencia.

"Y se corrompió la tierra delante de Dios, y estaba la tierra llena de violencia." Génesis 6:11.

Y dijo Dios a Noé:

He decidido el fin de todo ser; porque la tierra está llena de violencia a causa de ellos; y he aquí que yo los destruiré con la tierra." Génesis 6:13.

¿Qué es lo estamos viendo en estos tiempos?

Lo mismo.

-La más grande violencia y la locura de todos los tiempos.

-Pandillerismo.

-Orgullo.

-Confusión.

-Depravación.

-Odios.

-Muertes, asesinatos.

-Hijos y padres sin afecto natural.

-Así como la desobediencia.

Y la mayoría de los medios de comunicación promueven ese estilo de vida que a Dios le desagrada.

Dicen que no quieren violencia y ellos mismos la promueven.

-Series sanguinarias.

-Series de violencia.

-Series de odio.

-Series de confusión.

-Series deshonrando el nombre de Dios.

¿Hasta dónde iremos a llegar tierra querida?

No sigamos enojando a Dios, porque vendrá destrucción repentina.

Que está sucediendo en la tierra ahora:

-Terremotos.

-Fuertes lluvias.

-Tornados peligrosos

-Vientos nunca antes vistos.

¡Reflexionemos!... ¡El fin viene pronto!

¿Estás preparado para salvarte de la ira venidera?

¡Porque el Señor viene pronto!

Si no lo estás, éste es el día de prepararte para ir a gozar de una vida eterna en los cielos.

Noé, en medio de la maldad que se estaba viviendo en la tierra, recibe un llamado directo del cielo mismo y las palabras fueron:

"Hazte un arca de madera de gofer; harás aposentos en el arca, y la calafatearás con brea por dentro y por fuera." Génesis 6:14.

Y así le dio las indicaciones exactas de cómo la debería construir y le declaró que vendría un diluvio a la tierra.

"Y he aquí que yo traigo un diluvio de aguas sobre la tierra, para destruir toda carne en que haya espíritu de vida debajo del cielo; todo lo que hay en la tierra morirá." Génesis 6:17.

Pero Dios estableció un pacto de vida para él y su familia, que no morirían sino entrarían en esa Arca mientras venía ese gran diluvio sobre la tierra.

Maravilloso Dios, le dio esa bendición a él, a su esposa, hijos, y a sus nueras, para que después del diluvio volviera a poblar la tierra.

Quieres tú salvarte de lo que viene sobre la tierra. Escapa por tu vida entregándote a Dios por completo. Arrepiéntete de tu mal camino y de tu mal proceder, para que puedas salvar tu alma.

¿Qué enseñanza nos deja Noé en su llamado?

I-FUE OBEDIENTE AL LLAMADO DE DIOS.

"E hizo Noé conforme a todo lo que le mandó Jehová." Génesis 7:5.

Vean, todo lo hizo como le fue ordenado, por Dios.

Una pregunta:

¿Estás tú obedeciendo a Dios en todo? ¿O sólo en lo que te conviene?

Dios anda buscando en estos tiempos a muchos Noé, para que prediquen su Palabra y sean ejemplo sobre esta tierra.

Que se aparten del pecado y se mantengan alejados de todo vicio, y que no sigan manchando sus vestiduras para que cuando Él venga los encuentre preparados.

Aunque hay personas que no quieren oír nada de Dios, hay un remanente que sí anhela oír palabra que venga del cielo.

¿Sientes un llamado al evangelismo?

¿Sientes un llamado a ser un pastor?

¿Sientes un llamado a ser un profeta?

¿Sientes un llamado apostólico?

¿Sientes un llamado a ser un maestro de la Palabra?

Los requisitos para ser obediente al llamado de Dios, es ser justos y caminar en la perfección de Él en medio de la maldad de este mundo. Quizá muchas personas dirán:

¡No, no es posible!, pero con Dios a tu lado… ¡Sí, es posible!

Puedes vivir en una comunión con Dios diariamente y apartarte del mal.

Hay dos caminos, uno ancho que es espacioso pero lleva a la condenación eterna. Mira quiénes irán a ese lugar de tormento en el Libro de Apocalipsis 21:8, que dice:

"Pero los cobardes e incrédulos, los abominables y homicidas, los fornicarios y hechiceros, los idólatras y todos los mentirosos tendrán su parte en el lago que arde con fuego y azufre, que es la muerte segunda."

¡De seguro tú no quieres ir a ese lugar! ¡Claro que no!, creo que esa es tu respuesta.

Pero hay otro camino que es angosto y pocos van por él, pero es una ciudad hermosa.

"La ciudad no tiene necesidad de sol ni de luna que brillen en ella; porque la gloria de Dios la ilumina, y el Cordero es su lumbrera.

Y las naciones que hubieren sido salvas andarán a la luz de ella; y los reyes de la tierra traerán su gloria y honor a ella.

No entrará en ella ninguna cosa inmunda, o que hace abominación y mentira, sino solamente los que están inscritos en el libro de la vida del Cordero." Apocalipsis 21:23, 24, 27.

¡Maravilloso y extraordinario estar ahí! ¡Qué hermoso Lugar!

Vale la pena ser obediente a la Palabra que Dios nos da.

Noé tenía una esposa y tres hijos, cada hijo tenía su esposa, eran ocho personas en su familia.

Noé fue obediente en hacer el Arca y, haciendo esto salvaría a su familia; la hizo de tres pisos, la calafateó de modo que no entrara el agua cuando empezara a llover sobre la tierra.

Gran lección para los sacerdotes de las casas, las cabezas de los hogares, que den ejemplo de obediencia a sus familias, que crean y le sirvan a Dios con todo su corazón, así estarán, con su ejemplo, llevando a sus familias a conocer del Amor de Dios.

Su Palabra dice: Que creamos en el Señor Jesucristo y que nuestra casa será salva. Así sucedió con Noé.

A Noé no le importó tomar mucho tiempo para construir el Arca, siguió las instrucciones que se le dieron al pie de la letra; metió los animales macho y hembra, bestias, pájaros y más.

Además, le dijo:

"Y toma contigo de todo alimento que se come, y almacénalo, y servirá de sustento para ti y para ellos.

Y lo hizo así Noé; hizo conforme a todo lo que Dios le mandó." Génesis: 6:21, 22.

¿Quieres tú también tener la victoria?

¡Haz todo conforme a lo que Dios te manda!

II-QUIÉNES PUEDEN ESCAPAR DEL JUICIO VENIDERO.

"Dijo luego Jehová a Noé: Entra tú y toda tu casa en el arca; porque a ti he visto justo delante de mí en esta generación." Génesis 7:1.

Quieres ver a tus hijos, nietos, bisnietos y toda tu generación salva; entrega completamente tu vida a Él para que sigan tu ejemplo de obedecer al Dios Todopoderoso y sean justos.

"En este mismo día entraron Noé, y Sem, Cam y Jafet hijos de Noé, la mujer de Noé, y las tres mujeres de sus hijos, con él en el arca." Génesis 7:13.

Y luego comenzó a llover por 40 días y 40 noches, las aguas empezaron a subir y a crecer tan grandemente que el Arca ya flotaba, y todos los montes de la tierra fueron cubiertos de agua a tal grado que:

"Y murió toda carne que se mueve sobre la tierra, así de aves como de ganado y de bestias, y de todo reptil que se arrastra sobre la tierra, y todo hombre.

Todo lo que tenía aliento de espíritu de vida en sus narices, todo lo que había en la tierra, murió." Génesis 7:21, 22.

Muchos quisieron entrar en el Arca para salvarse, pero no pudieron entrar por su desobediencia e incredulidad y de esa forma pasó.

¿Por qué sucedió todo esto?

¡Porque la maldad era terrible en la tierra!

Estamos viendo lo mismo ahora, una sociedad que está corrompida, haciendo cosas abominables a los ojos de Él.

Jesucristo vino para salvar lo que se había perdido y Él hizo una advertencia de juicio y menciono a Noé, que así sería en los últimos días si no escuchan a Jesucristo, se arrepienten de sus pecados y se vuelvan a su primer Amor.

"Mas como en los días de Noé, así será la venida del Hijo del Hombre.

Porque como en los días antes del diluvio estaban comiendo y bebiendo, casándose y dando en casamiento, hasta el día en que Noé entró en el arca,

y no entendieron hasta que vino el diluvio y se los llevó a todos, así será también la venida del Hijo del Hombre." Mateo 24:37-39.

A Dios le dolió su corazón en los tiempos de Noé y ahora está pasando lo mismo, el hombre no se quiere arrepentir de sus pecados, quieren vivir su vida como ellos quieren y no les importa ofender a Dios. Ahora todo es corruptible y deshonran a nuestro Señor, ya estamos viviendo como en el tiempo de Noé, con mucha desobediencia a Dios.

Viene juicio sobre la tierra, esto no es ningún cuento, fábula ni invento de hombres, la Palabra se Dios se cumplirá por completo. ¡Porque así está escrito!

¿Quieres tu escapar, junto con tu familia?

Pregúntate a ti mismo:

¿Estoy viviendo una vida agradable a Dios o no?

Estamos viviendo tiempos peligrosos y finales en una sociedad tan perversa que no quiere arrepentirse, siguen buscando excusas, viviendo en el materialismo, lleno de tantas inmoralidades, leyes aprobadas por los gobiernos actuales que deshonran el nombre de Jesucristo.

¿Estás viviendo en rebeldía en tu corazón?

¿Estás viviendo una vida inmoral?

¿Estás viviendo una vida de violencia en contra de tu prójimo?

¿Estás viviendo una vida llena de vicios?

¿Estás viviendo una doble vida en tu matrimonio?

¿Estás viviendo una vida de confusión de identidad?

¿Estás viviendo una vida robando a otros?

Recuerda que por eso pronto dirá: ¡Se terminó el tiempo!

Y ya no habrá salvación, y te perderás si no recapacitas y te arrepientes.

¡Entrégale tu vida a Jesús y ríndete a sus pies!

"Y Jehová le cerró la puerta al arca." Génesis 7:16.

Dios cerró la puerta del Arca, mira que verdad, no es el hombre quien puede cerrar las puertas de oportunidades, es solamente Dios que lo puede hacer, cuando no decides aceptar el sacrificio de su Hijo que Él envió al mundo para salvarlo, si no lo aceptas en tu corazón irás a una condenación eterna, mira lo que dice el libro de San Juan 3:16-18.

"Porque de tal manera amó Dios al mundo, que ha dado a su Hijo unigénito, para que todo aquel que en él cree, no se pierda, mas tenga vida eterna.

Porque no envió Dios a su Hijo al mundo para condenar al mundo, sino para que el mundo sea salvo por él.

El que en él cree, no es condenado; pero el que no cree, ya ha sido condenado, porque no ha creído en el nombre del unigénito Hijo de Dios." San Juan 3:16-18.

No desobedezcas a su Palabra.

¿Dónde quieres pasar la eternidad?

¿En el lago que arde con fuego y azufre?

¿O quieres pasarla con Dios en los cielos, gozando de su presencia por toda la eternidad?

Te invito a que le entregues en este día tu vida completa a Él, hoy es el día que Él quiere salvarte y bendecirte, no desprecies el sacrificio que Jesucristo hizo dando su vida por ti, recuerda que el Padre Celestial envió a su Unigénito para que el mundo sea salvo a través de Él, no hay en nadie más salvación, ningún hombre sobre la tierra puede darte el perdón de tus pecados ni puede nadie interceder por ti ante el Padre sino solamente Jesucristo. Ni los santos, ni nadie podrán, porque la salvación es individual.

Si te han enseñado algo diferente a esta verdad, te invito a que escudriñes la Palabra Bendita, la Santa Biblia, y ahí conocerás toda la verdad y serás libre de toda mentira que te han hecho creer, falsas doctrinas diciendo que hay purgatorio, que no lo hay, solamente existe el cielo y el infierno.

Quieres escapar del lago de fuego, te invito a hacer esta oración y di:

Padre que estás en los cielos y en todo lugar, vengo a ti arrepentido(a), me postro ante ti pidiéndote perdón por todos mis pecados, yo no quiero ser condenado(a), sino obtener la vida eterna, quiero escapar de ese infierno y desde hoy quiero que entres a lo más profundo de mi alma; límpiame, sáname y transfórmame completamente, escribe mi nombre en el Libro de la Vida, sé que enviaste a Jesucristo a morir por mis pecados en la Cruz del Calvario y que al tercer día resucitó de entre los muertos. En nombre de tu Hijo hago esta oración en este día. Amén, amén y amén.

La Vid

Dios

Establece

La Pena

Capital

En su

Soberanía.

No quebrantes

Las leyes

De Dios

O tendrás

Juicio

En tu vida.

Dra. ♥

La Vid

Extirpa

Toda

La Malicia

De tu

Vida y

De tu

Mente.

Mary Escamilla

Dra.

Los

Malvados

No

Conocen

Camino

De paz.

Mary Escamilla

Dra.

La Vid

Ante Dios

Todos somos

Justificados

Por Gracia,

Porque Él

Es bueno

Y grande

Es tu Fe.

Mary Escamilla
Dra.

La Vid

Somos

Bienaventurados

Todos

Aquéllos

Que Dios

Perdona

Nuestras

Iniquidades.

Mary Escamilla
Dra. ♥

La Vid

Cuando no tienes

Fundamento,

Cualquier prueba

Te derrumba.

Mary Escamilla
Dra. ♥

La Vid

Jesús,
El Hijo
De Dios,
Vino a
Salvarme.

Mary Escamilla
Dra. ♥

La Vid

El que aborrece
La Enseñanza,
Es necio de
Entendimiento.

Mary Escamilla
Dra. ♥

La Vid

Mi fe está
Basada en la
Resurrección
De Jesús.

Mary Escamilla
Dra. 🖤

La Vid

Hoy me
Arrepiento
De mis pecados
Y vengo a la
Cruz de Jesús.

Mary Escamilla
Dra. ♥

La Vid

No hables
Sandeces,
Pronuncia
Palabras de
Sabiduría.

Mary Escamilla
Dra.

Las palabras
Carentes de Fundamento
Son vanas.

Mary Escamilla
Dra.

La Vid

Siendo todos

Viles pecadores,
Jesucristo murió
Por nosotros.

Mary Escamilla
Dra.

La Vid

Con la Idolatría,
La mente se pierde
Y se extravía.

Mary Escamilla
Dra. ♥

EPÍLOGO

Amados lectores y hermanos en la fe, espero que cada una de las historias bíblicas de Los Hombres que Dios Llamó a servirle ministre su vida y que les inspire a continuar en el camino de Cristo Jesús, porque ustedes, así como yo, somos llamados por Dios para que le sirvamos con integridad y obediencia a su Palabra.

Del mismo modo, les invito a que sigamos predicando el Evangelio de Jesucristo, al cual hemos sido llamados y escogidos desde antes de la fundación del mundo y es un privilegio servir al Señor siempre y dar gracias por el regalo no merecido, la Salvación de tu Alma.

Y si no has recibido a Jesús como tu Salvador personal, te invito a que hagas una oración en este momento y digas: Amado Padre Celestial, gracias por mandar a tu Unigénito Hijo a morir por mí en la Cruz del Calvario para el perdón de mis pecados. Desde ahora te acepto como mi Señor y único Salvador. Escribe mi nombre en el Libro de la Vida. Todo esto te lo pido en el precioso nombre de tu Hijo Jesús. Amén.

Reverenda, Doctora Mary Escamilla.

Printed in the United States
By Bookmasters